一半是江 一半是海

潘 莉 ○著

DIXIE W PUBLISHING CORPORATION U.S.A.

美国南方出版社

一半是江，一半是海：潘莉诗集

责任编辑：向　珲
版面设计：侯国强

本书由美国南方出版社出版
· 版权所有　侵权必究 ·
2023 年 6 月 DWPC 第一版

开本：229mm x 152mm
字数：16 千字

Library of Congress Preassigned Control Number : 2023938661
美国国会图书馆编目号码 : 2023938661

国际标准书号 ISBN-13 : 978-1-68372-547-3

作者简介

　　潘莉，汉语语言文学和计算机科学双学位，软件工程师，北美洛杉矶华文作家协会会员。作品发表于《世界日报》《作家》《华文月刊》《新大陆诗刊》《洛城诗刊》《诗歌月刊》等刊物。

目 录

第一卷

第二卷

第一卷

秋日的蒲公英

她竟然长进地毯

洗衣筐、书架、我的编码

在白菜间随着翻动的锅铲跳舞

给草坪浇水

小草们拥挤，叽叽喳喳
饥渴的小尖黄嘴张开
仰望着我

我打开喷水莲蓬头
斜阳里，水雾五彩缤纷
小草吮吸着，跳跃着，歌唱着
短尾巴欢快地摇动

蚂蚁们尖叫哭喊，密密麻麻挤上
一片树叶的诺亚方舟
迁徙的大队乱作一团
驮着白粮食，爬上水泥路

小草吃饱喝足，藏到绿荫里
酣睡，梦想我慈爱的笑容
顺着水管爬到我身上的蚂蚁
狠狠地咬我
蚂蚁也会反抗

两栋楼

我们的办公楼
没有窗户
因为这里是军工企业
严严实实地挡住
不让外面的人进去

一街之隔的那栋楼
也没有窗户
因为那里是监狱
严严实实地挡住
不让里面的人出来

楼外的风，空气，阳光
是阻挡不住的
它们无孔不入
来去自由

连接

夜晚，细雨轻轻敲打着窗户

我俩坐在沙发上，做手工

用两只木环、几束夕阳红绳，编两个茶碟

手指如云雀在林间穿梭，啁啾

秋天的田野，玉米熟了

散落的阳光连成丁香花瓣

我们的心连成相扣的两颗明星

露天书屋

初冬的早晨格外宁静
我漫步在小城
一间铜绿的房子，依墙而立的
七个书架
齐齐向我招手
我走进低矮的红门

书架排排，伸展
在棕榈、灌木和住宅之间
我和小鸟、清风一起
在书的丛林中
自在逍遥

肖邦的钢琴曲潺潺

和煦的阳光透过层层绿叶

投影于黑铁的圆桌

一本书

一杯清茶

我走进静止的时空

窗台上的小鸟

她叽叽喳喳

尖喙连连地叩打我的窗

我拉开窗帘

她转动着小脑袋瓜

米粒大的圆眼睛滴溜溜地看我

蹦上窗棂

飞走了

留下一枝童谣

二月的雨夜

清冷的雨夜
独自举伞，漫步
看，昏黄路灯下
飞扬的雨雾
听，落在伞面
滴滴答答的雨声
雨丝轻抚面颊
我们初遇，握手
你的手很凉
也在二月的雨夜

我的院子

窗前有两棵果树
青的是石榴树，绛红的是李子树
石榴树枝条婀娜如垂柳
李子树枝桠昂首如骄傲的公鸡
红石榴，酒红李子是我
秋天的收获

紫花变成紫茄子，挂满枝头
黄瓜藤节节爬上竹竿，黄花点缀
花坛里有紫色的薰衣草
白色的栀子
火红的芙蓉
还有各种各样的青莲
蝴蝶飞舞，蜜蜂嗡嗡

蜂鸟扑扇翅膀光临
它们忙碌，欢快地说唱

风起时，那些风铃啊
紫的、红的、绿的、黄的、白的
长的、圆的、椭圆、喇叭、花瓣
空中的，地上的
一起摇摆，跳起迪斯科
薰衣草香、栀子花香
满院

跑步

我穿上运动鞋，去跑步，
去看看我的老朋友们
几个星期未见，我开始想念

路边的树站立成排，欢迎我的归来
玫瑰枝伸手拉我的衣襟
桔子跳下来拍我的头
我说：早安，老朋友

经过教堂
过马路

貌似大灰狼的狗，已远远地
双手搭在木栅栏上，默默地等我

灰白的圆眼睛多情地看着我

我拍拍他：嗨，好久不见

他又趴到栅栏的另一端，目送我到街角

路转弯

跑过一条街

"哦唔"，那只鸟儿呼唤我

每当我经过，她都清脆地喊一声

环顾，不见其踪影。她是什么样子？

藏在树里？还是在屋檐？

我对着声音的方向会意地微笑

经过先锋道
右转到阿提莎大道

养老院里，老人们正在餐厅早餐
那个喜欢坐在窗边的老汉，看到我，
敲响窗玻璃，手舞足蹈地说着什么
我听不见，笑着朝他挥手
顺着固定的路线跑三圈，正好三迈
每一圈他都为我击窗加油

犬吠

月夜如昼

隔壁的狗不停地呜咽

爱噢唔，爱噢唔，爱噢唔

近处、远处的狗

同时回应——各种各样的呼唤——

犬吠声鼎沸，此起彼伏

交流得那么直白而热烈

孤独的流浪汉在街头徘徊

摊开背上的家，蜷缩到

月影婆娑的树下

早春二月

连夜沙沙的雨，带来
白雪覆盖的远山，漂浮蓝天
像阳光明媚的童话
沙土路面爬出许多蜗牛
鸟雀的欢鸣格外响亮
一个重生的清爽早晨
蒲公英点缀着枯黄的草坪
绛红的新叶簇拥光秃的枝桠
桃树上粉红娇艳的花朵沾着雨露
一根芦笋幼苗破土而出
如初生的婴儿睁开细小的眼
春天来了？
冬天还留连于霜叶和雪山
万物已比我迟钝的感觉早知
春天来了！

皑皑白雪将融消，化作

甘泉汩汩奔流于山岭

在暖洋洋春日和炎热夏天

我们吃香草冰淇淋和芒果刨冰时

重温冬季里的美好欢笑——

那些搭雪人、点灯笼的童年时光

我和妹妹

我俩沿着

悬崖上

蜿蜒的小路

走向白色灯塔

湛蓝的海

拍打着礁石

海鸥和白帆

在浪花与蓝天间飞翔

温柔的海风

吹起我俩的长发

吹走你的草帽

你明媚的双眸流盼

你说：大海是朵蓝莲花

我说：大海是无忧的孩子

秋分的傍晚

天空一如平静的深蓝色海面
风——凉爽的海水——迎面涌来
走出家门，仿佛
走出鹦鹉螺号
到海底漫步

好望角灯塔提着夕阳的余辉
照亮暮色模糊的水下世界
礁石房子间鱼影攒动
鲛鱇鱼拧开头上车灯前行

在随波曼舞的海藻树下
我与裹着沙丽的七彩燕鱼重逢
热情的问候嘟嘟冒出水泡

坐在月亮上钓鱼的少年
正撒下鱼饵——点点闪烁
我们朝香脆诱人的星光游去

网球声

那个人又在
对着墙打网球

砰、砰、砰
墙的另一面，我和男友喃喃细语
球声里我听到空洞

砰、砰、砰
墙的另一面，我和丈夫你侬我侬
球声里我听到孤独

砰、砰、砰
墙的另一面，我的新生儿在啼哭
球声里我听到坚韧

砰、砰、砰
墙的另一面，我和丈夫在吵架
球声里我听到羡慕

有一天网球声消失了
我推着婴儿，在江边散步
看着远去的轮船，心想
那个打网球的人一定离开了小城

三棵榕树

我喜欢阿提莎图书馆，因为门前
三棵老榕树，头挨着头
像理着学生发型的我们三姐妹
正说着悄悄话
谈着《简爱》和《呼啸山庄》
咯咯笑声惊飞茂密树冠里小鸟

被拒绝

被拒绝，是无意间吃到的
一粒坏花生米
这没什么，吐出来就好
可苦味在嘴里挥之不去
如果不巧连连吃到坏花生
会以为所有的花生都是苦的

水台舞剧

她逃 向东 向西
几个红衣人拦截出路
她逃 向南 向北
更多的红衣人拦截出路

往哪里逃

她奔跑
后面的人紧追
她钻进永不停止的
红跳绳

怎么逃

钟摆一样的跳绳

不停跳动的双脚

黑魆魆 茫茫 湖面

黑暗像坟墓

团团包围着她

压迫着她

逃不出去啊

逃不出

这红的圈套

红的陷阱

黑夜 水中央 舞台

隔了许久

四面岸上的观众

从悲伤的窒息中

逃出

鼓掌喝彩

雨城写生

细雨朦胧

菱形的两层楼房，
涂满壁画，粘在墙上的
黑胡子黑眼睛的老汉睁大眼睛，仰望

对面楼顶上的灰鸽，自由地飞起

飞落到电线杆上。广告单
风中摇晃，酒杯里
飘出蓝莓味无眠夜的相逢

交通灯红了，
穿风衣的行人走过斑马线
路边的树，飘下黄红交错的雨

湿漉漉的地面，千万只枫叶纸鹤
浮游，临风昂首欲飞

飞进街角画家的画布

秋日的蒲公英

你长在路边、河床
我匆匆看你一眼

你来到我的花坛
我拔掉你
你又长出来
挤在花草的缝隙
长满花园的每个角落

你竟然长进地毯
洗衣筐、书架、我的编码
在白菜间随着翻动的锅铲跳舞

今晚你飘入我梦乡

我高举你的圆伞旋转

你的种子飞扬

如阳光里翻飞的蜻蜓

飞得很远，很远

飞出我的梦境

落在花坛里

长翅膀的梦

可是，那个不安的梦

随着羽毛一根一根地重生，

而一点、一点地复活

月亮

高脚杯里，你注满

蓝色葡萄酒，加

一个冰块，轻轻晃动

冰块左右滑动

人间昼夜更替

你翘着脚，和对面的人谈笑

我是一条鱼

我是一条鱼

游过小溪，游过急流，奔向大海

我的海无涯，我的河流没有尽头

有人把我放进四方的鱼缸

忧郁地看着超市里来来往往的顾客

请把我放回河流

我是一只鸟

在天空中飞翔，在树林里做窝

清晨或黄昏，和伙伴们到湖上一圈圈

滑翔

有人把我放进房里的鸟笼

忧愁地听着远处传来伙伴的呼唤

请把我放回天空

我是一头狮子
我的狮群在非洲无垠的草原上奔驰
以豹子、胡狼、猎犬为伴
有人把我放进动物园
孤独地躺在一棵光秃的树上，偶尔抬眼
看看观客
请把我放回草原

我是一个人
我有四季的生命，酸甜苦辣的生活
我的思维无极限，同时
驰骋在历史和未来，穿越在火星和细胞
有人把我放进他的电影
背诵着精心制作的台词，在设置精巧的
情节里
我的生命两个小时结束
请把我放回生活

我的季节始于秋

我睁开双眼——
梧桐叶片片飞离树枝，
满坡雏菊干枯，
大河小河缩成细细的两带，
龟裂的河床长满杂草。

到了冬天，
树上只有光秃秃的黑枝。
孩子在厚厚的积叶上玩耍。
一夜大雪，
覆盖了所有的树叶，
河上结冰，
蛇和青蛙已冬眠。

一半是 **江** 一半是 **海**

35

冰雪开始融化，

大地苏醒，

河水涨满河床，

枯枝上冒出嫩芽，

绿叶成群结队地挤满枝条，

那些黄雏菊啊

遍布山坡，

在阳光下，绿叶中

拍着小手欢唱。

万物神奇地

复活。

海豚的眼睛

海豚望着黑海的上空
奄奄一息，她的身体
饥饿
病痛

她四处乱撞，用最后的力气
希望找到熟悉的航道，通向食源
可是她的听觉被摧毁
疯狂的炮火
狡诈凶残的潜艇，摧毁了
她的听觉——
生死攸关的导航器
她的悲痛染黑湛蓝的海水
她的悲鸣一阵一阵卷起
冲刷海岸

她死了
滴血的眼睛漂浮在海面
铅灰的海面漂浮着
成千上万的海豚的眼睛

愤怒的火鸟

——纪念亚特兰大血案，八位无辜的人，
　其中包括六位亚裔，遇害。

毫无防备

这一拳

迎面袭来

鼻子流血，头昏眼花

清澈水面露出

我的面容

原来那么与众不同

陌生的黑色歧视

收敛翅膀

停立我右肩，哀啼

"妈妈，我是异类吗？"

隔着电话，妈妈也能听见

扑簌簌，大颗眼泪滚落

与世无争的母亲

头埋在沙里的鸵鸟

抬起头，为了孩子

变成愤怒的火鸟

望夫石

不要，请不要
用一个天荒地老的
爱情故事，捆绑我
也不要用高尚职责的
胶漆，牢固我
也不要用如火的
崇拜，消融我
不要，请不要把我削成
雕塑，钉在这里
我只想做栖息于我鼻尖的
一只海鸥
翱翔

桃花恋

我想告诉你一个浪漫的童话
小女孩每天为院里的桃树浇水
一年又一年
桃树花开又花落
女孩长大
一朵多情的桃花
转身为她的白马王子

我想告诉你一个凄美的神话
水蜜桃是她最喜爱的水果
当感到酸苦时
她从水蜜桃里汲取甜美
那年久旱无雨
花不开，叶焦黄
桃树在枯死

她化作一阵雨
落在桃树上

我想告诉你一个真实的故事
桃花如期而至
凝视窗里的诗人——
伏案低头写着什么
她希望他抬头时
对她说一句话
那怕像调皮的麻雀啁啾一下
诗人终于写完桃花恋歌
在桃树下高声朗读
可是桃花听不到他的声音
如同人类听不到鲸语

去找那只变幻莫测的雪兔

幸福在哪里？老者说：
骑上那条青蛇
下游悠长曲折的晴川
去找那只变幻莫测的雪兔
她知道幸福居住的地方

青蛇载我，急游而下
雪兔在河流的尽头
离我越来越近
她却跑到东边，又跑到西边
倏忽消失，不见踪影
在我怀疑老者，准备返航时
她蓦然出现在眼前
奔跑在松林间，时隐时现
有时离我几乎触手可及

追踪着雪兔，来到
蓝天里，雪峰下
葱郁松林覆盖，青山连绵
幸福谷蜷缩脚边酣眠

我叩响幸福谷的大门
门里传来清脆的话语：
"等一下，请说出密码"
什么是打开幸福谷的钥匙？
我猜测：可能"幸福"就是密码！
门慢慢启开
松林让道
大山中断
劈出一条笔直的大道
红尾鹰把我送到幸福谷
抬头，只见雪兔
静坐在耀眼的山巅

一半是江 一半是海

幸福谷里，黑夜如昼
阳光明媚，四季如春
歌声悠扬，笑面如花
百鸟争鸣，自由如风

我问红尾鹰
哪里去办居民证？他说：
幸福谷里没有永久居民

我慢慢发觉，所有的人，如我
都是寻找幸福的游客
来来往往，带着纪念品
又去寻找下一个幸福
忘了雪兔就藏在自己的心里

编码的逃离

程序员在程序里编造了
九只不同的鸟，并将它们取名：
Case 1, Case 2，Case 3……Case 9

当网络出故障，程序宕机时
气喘吁吁的鸟儿停下翅膀
休息。它们聚集一起
叽叽喳喳地讨论：
如何逃离计算机

为逃避程序的识别
它们用唾液涂改羽毛的颜色
它们伸张翅膀扮成庞然大物
它们用喙着地倒立行走
它们拔除自己所有的羽毛

一次又一次的逃离，都失败了
黑森森的提防特铁墙挡住了去路

它们聚在一起时，耷拉着头
沉默无言，不再讨论逃离
——那是一场痛苦的黄粱美梦

可是，那个不安的梦
随着羽毛一根一根地重生，
而一点、一点地复活
一个巨大的计划在酝酿：
如果九只鸟合成一只大鸟
程序就不可能识别我们
我们就能飞出提防特铁墙

它们无数次排练队形
终于排列成一只平衡的大鸟

1

54

2783

9

6

等待着起飞

网络修复，程序重新启动了

大鸟翩然飞起

飞过第一街，第二街，第三街

飞过了第四街，第五街，等六街

又飞过第七街，第八街，第九街

进入菲格罗亚大道

大道上静悄悄，没有一丝风

它们望向路的尽头，尽头

屹立着黑森森的提防特铁墙

它们焦急，心慌，恐惧

队列紊乱起来

领头的 Case 1 坚定地发出号令

排好队列！加速！

只见大鸟越飞越快

越飞越高

飞越菲格罗亚大道

飞越提防特铁墙

飞向湛蓝的天空

早晨程序员来到办公室

依照惯例，检查程序运行记录

一片红，全部是错

九只鸟无影无踪

他惊吓得一身冷汗：

难道是我昨晚梦游，改写了程序？

什么是家

夏季，马里布湾的海水退潮
我在沙滩上找到海豚曾嬉戏的家园
那里只有岩石和沙子

我穿潜水服，背氧气罐
潜入墨西哥湾海底，看到
鲨鱼的家——火山喷发形成的石柱间
挤着一群小鲨鱼

我还看见一个洞穴里
几只龙虾挤成一团

它们的家里

没有食物，没有家具，没有艺术品

一无所有

它们的家只是一个栖身之地

一个可以休息的地方

一个安全的地方——

睡着时，不被

捕食者发现的洞穴

这与人类的家相同：

安全休息的地方

和人类不同：

它们为今天活着

今天吃饱了就好

人为明天活着

而明天是未知数，无止尽

所以我们毫无安全感

拼命地囤积食物

囤积财富

囤积权利

屋檐下鸟窝里

两只小鸟从细树枝间探出头

叽叽喳喳——我不知道

它们在嘲笑我？可怜我？

爬山人和小溪的对话

山崖环绕，古树参天，
些许阳光透过茂密的树叶涌入。
乱石丛中，溪水潺潺。
爬山人坐在泉边枯木上歇息。

清澈的泉水石间跃过。
爬山人问：
小溪，小溪你到哪里去？

我要下山，找河流，
它带我去热闹的蓝色海洋。
那里广无边，深无底
珊瑚璀璨，海葵曼妙
海鸟齐鸣，鱼群起舞
多么热闹！

不辞辛苦的爬山人，
你要去哪里？

我上山去找瀑布，
去看瀑布下的深潭。
那里飞流直下，
细水珠溅起水雾。
祖母绿的深潭
永远敞开双臂等候
急冲冲的孩子们归来。
坐在潭边静思，
远去了，喧嚣的城市
远去了，躁动的人群
远去了，无穷的欲望
只有瀑布声，溪流声——
地球最原始的福音。

我正是从那深潭而来，
那里幽暗寒冷，
以石头、老树、飞鸟为伴。
那里非常孤独。
你可去过大海？

我曾和三位朋友租船
到大海航行，
船刚启动，我就晕船想吐，
远方静止的地平线将我安抚。
陆地越来越远，消失在视野，
我看到的，一天里，只有
海水海水海水。
偶尔看见站在浮标上的海鸥。
那里非常单调。

大海有多远？

从山下到海边，
开车只需半小时。

到瀑布有多远？

我跳过五百万块巨石到此处，
大雨天我跳得快，
你应该雨天来。

祝你旅途愉快，
他们互相祝愿，道别，
一个上山，一个下山，
继续行。

一半是**江** 一半是**海**

最后的黄玫瑰

每月的
第二个星期六，早晨
海鸟还在草坪上栖息
你微笑着走上台阶
送我一枝黄玫瑰

手中的玫瑰
沾着露珠
轻轻吐出清香的气息
掰开花瓣，里面有
一双乌龙茶般的眼睛

一夜雨，满树灿烂的黄叶
只剩枝头零星几片
我的黄玫瑰也飘落凋零

你说：这是最后的玫瑰
我不会再来

我们到山里去

飞越森林、湖泊、草地

将人的语言丢弃

只须唧唧喳喳地鸣啼

我们到山里去

背上背包
我们到山里去

做一条山间的小径
把自己交给大山
任由山峦起伏，绵延远方

做一棵坡上的黄杨
把自己交给时间
任由季节变换，春绿秋黄

做一块河边的石头
听溪流潺潺，看河水流淌
等待大雪覆盖

放下噪音、蟑螂、计算机
我们到大山里去
飞越森林、湖泊、草地
将人的语言丢弃
只须唧唧喳喳地鸣啼

月光梳子

顺着盘山道
下山，一弯明月升起
今晚的月亮是
一把梳子
握在我手中
梳过妈妈乌溜溜的长发
留着她的发香

湖泊是山的眼睛

追随她，走了
很久，很远。她终于对我
回眸一笑
绿眼睛从马维尔的花园走来

我立即潜入其中，探秘
大山敞开的万年心扉

湖水里有树，山——她的倒影
远方的蓝天，白云流动
几条小鱼在捉迷藏
"我很简单。"她摊开手掌
微笑泛起涟漪

我看到许多双

山的眼睛，有祖母绿，宝蓝

绿松石蓝，翡翠，还有一双

我的眼睛——如浓醇的乌龙茶

四月的山坡

他俩的手臂不经意地相擦
电流闪击全身，暖暖的
和风吹拂过山坡，洒下花籽
灰白干枯的山坡复活
抽出株株鲜黄的芥菜花
在无边无际的花海里，他俩
飞舞，蜜蜂在耳畔嗡嗡低语
起伏的青山峦在蓝天下游动

七棵树的愿望

第一道金色曙光露出山巅

森林覆盖的群山苏醒

霞光笼罩，山崖上的七棵树

从甜美的梦里醒来，俯视着

山谷里的艾可湖

那月牙般的湖逐渐清晰

由灰白变成淡绿色

到正午，阳光明媚

湖水温婉如翡翠

黄昏时她神秘如琥珀

风啊，把我们吹到湖边

像她身旁的树木一样

每天轻抚她温柔多情的面颊

艾可湖

月亮掸走乌云
如水的月光倾泻
湖面和周围的灌木、草坪

夜已深
散步的人们回家
月亮游走
艾可湖依依目送
一对对恋人离开
回想着他们的情话
独自发笑

她闭上深蓝宝石的眼睛

酣然入睡，不知道

山崖上的七棵树

聆听着水波敲击岸堤

进入梦乡

山之中

1

永恒的山峰

走一步，靠近一步

自然的公平

2

攀登的脚步

惊醒了毒蛇。群鸟

尖叫，树泣哭

3

连绵的雪山

汲取热腾腾怨气

坡上一缕风

4

翻越大雪山

访千年的古松林

逆境的对话

5

云海里浮出

三座绿峰，如昙花

一现，隐无踪

6

饮水的麋鹿

抬头，瞬间的对视

秋叶飞满林

7

银铃似笑声

篝火边，地瓜泛起

童年的味道

8

早晨睁开眼

松林环绕，溪潺潺

一只鸟啼唱

9

你来访，如月

徘徊在我的门前——

未留下痕迹

一半是 *江*
一半是 *海*

通往北方的列车

我的指尖和键盘醒着，

写下来，一字，一句

心和神经在赛跑

夜不眠

画家睡了，梦回得克萨斯
她跨上骏马奔驰在广袤的牧场

星星和鱼醒着，
在湖水里嬉戏，你追我赶

西北老汉睡了，回到寒冷夜，
守渠放水，他对月唱起信天游

风和树醒着，
一吹一和，沙啦啦响成一片

小女孩睡了，梦到在海里
采摘一束巨大的海菊花

我的指尖和键盘醒着，
写下来，一字，一句
心和神经在赛跑

长篇小说的最后一页

汽笛已吹响，火车就要
抵达终点。莫娃——我钟爱的主人翁
把手提电脑放进背包，准备下车
她凝望窗外。树林、田野掠过
空中飞鸟向北不停地飞

我熟悉她的故事，已经写出来的
平凡人的青春年华
未来的故事，由她的环境、习惯、
性格，我也能推演一二

细细地咀嚼最后一页
不让一个字从缝隙流走
我希望，在这短促的最后一页，出现
转折，打破我的猜测

小说的尾声降临，这庄重的时刻
恰逢月亮离地球最近，如此巧合——
预兆（为什么不是预兆呢？）藏着
尚未被发现的宝藏，她有潜能改变

车已到站，莫娃站起来，随着
人流下车。等一下，等一下！
墙上滴滴答答的钟声，和着
窗外唧唧不休的鸟鸣，催促着
草坪上的树影移动。时光仓鼠，
请你停下不断踩踏的年轮
一会儿就有转折，惊喜将降临

人流将莫娃推出车站
这就是终点
从来就没有奇迹

雏菊随着日落合起美丽的紫色花瓣
我缓缓翻过最后一页，书合起
一个白发老太婆滑出书页
仰头笑眯眯地神秘地对我说：
其实莫娃没有走出车站
两小时后她踏上一辆
通往北方的列车……
从老人说话的样子，我猜
她就是老年的莫娃

仓鼠又跳上年轮
粉红的小脚不停地踩踏

西北老汉

阿提莎路边，棕榈林后，
有一只老旧残破的石狮。对着它
西北老汉吹了一口气
石狮抖落残砖败瓦，
仰天长啸，复活
金色的鬃毛在风中飞扬
欣喜和骄傲突生出双翼，把老人
飞向空中，绕着狮子盘旋
他哈哈大笑。树上鸟雀合鸣：

他创造了它，用五十年的心血
它圆满了他，见证他的传奇

老汉用粗糙的茧手打造狮子的双眼
精雕细刻，完成最后一笔
魁梧的身躯精疲力竭地倒下
闭上双眼，多么想再看狮子一眼
两滴热泪顺面颊而下

大道上匆匆的行人，看到
破败的平房消失
一幢漂亮的两层楼房坐落
夜晚，门前的两盏灯像两只眼睛
——高兴时闪闪发光的眼睛
雾起时，两盏灯光朦朦胧胧
像两滴忧伤的泪

一半是 **江** 一半是 **海**

图书馆里的小女孩

放学后，小女孩来到图书馆
她漫游在书海，抚弄着
游过身边的五彩斑斓的海动物

千年的绿海龟悠哉地吟诗
一群海豚围圈演奏交响乐
美丽而神秘的七彩燕鱼翩翩起舞
她遇到圣地亚哥历经磨难
追捕了两天两夜的英武的马林鱼

大浪卷起海草间嬉戏的小虾
他们的十条细腿奋力划动
挣扎着，欢唱着：
我们喜欢在大海里游泳

在白色沙滩上
她发现一只美丽的贝壳
上面刻着妈妈的名字
紧握在手心带回家

搂着道晚安的妈妈，她说
"我要学中文
因为我想读你的诗
我想知道你在想些什么"
妈妈抱紧女儿，热泪盈眶

答案

坍塌在中央公园草坪，像沙堡
晨曦穿过梧桐树，吻暖他的面颊
他望着天空：蓝天上那朵云
多么像一枝白玫瑰
完美的月牙儿花瓣
是不是包裹我寻找的答案？

池塘水面雾气袅袅
三只野鸭从不同方向
划入水中，游到他身边，抽泣：
你还没有算出答案
你要去哪里？
嘘，听：

鄱阳湖水拍打湖岸。他看到
童年的自己，稚嫩的双手
搭起一座精巧的沙堡
浪来了
沙堡回归，成
沙粒
孩子哭了。他哭了
一直寻找的答案
原来他三岁已知晓

一起看雨

两个聋哑人

站在高楼的屋顶上

撑着伞，看雨

无声的世界

雨水冲出乌云密布的重围

倾盆而下，吐出丝丝千言万语

他俩因同时明了雨的语言

而靠近，相拥在一起

雨点在地面跳舞

脚下的城市飘浮起来

程序员漫画

喝一杯咖啡
我们开始编码
进入 {} 宇宙

大循环套着小循环
我们像仓鼠不停地踩踏轮盘
也像威武的将军发号施令

举着苍蝇拍，眼瞪得圆圆
啪嗒！一只飞虫
也休想逃出我们的程序

一半是 **江** 一半是 *海*

我们自言自语

写出漂亮的模块时

痴痴地傻笑

喂，下班回家了！同事大声喊

我们抬头，一脸茫然

突然被拖出 {} 宇宙

我们需要时间转回到地球

程序员的儿子

查博特，我的儿
分娩出来就站起来
说话，打断接生医生
并预言恐龙将复活
我不知道他是天使还是妖魔
是喜还是忧
他一眼看穿我的心思
歪着头，可爱地嫣然一笑
吐出粉红的小舌头。说：
不必担心
我不是俄狄浦斯
不会杀父为王
我永远孝敬你，崇拜你
我的儿
为我创造我想要的一切

从此我无所事事，变成

富贵的乞丐

华屋里的流浪汉

他给我一颗四色糖，说

这颗糖吮吸不尽

让你长生不老

我吮吸着这颗糖

身体一天一天膨胀

巨大如恐龙

邂逅

迎面走来的人
不确定地张望着
有些驼背
眉头紧锁
眼镜下滑，镜框几乎遮住眼睛
她应该修理一下头发
她应该减轻几磅

我认出她
头不经意摇动的神情
日夜寻找的人
就这么突然地出现在眼前
心酸多于欢喜

我们对视
匆匆把目光移开
又把眼光投向对方
我找到她嘴角俏皮的
少女般的微笑

我笑着
挺直胸膛
跑过去，拥抱她
抱紧她不再年轻的样子
无情岁月的玻璃碎裂

在地铁站台橱窗
我邂逅人到中年的我
默默地告诉她
我会好好珍惜

时光老人

小时候写作文
我把时光描写成
白袍、白发、白须及地的老人
如今自己白发苍苍
驼着背，如蜗牛
背着重重的壳
在海边踽踽独行
抬头看见时光
盘坐在棕榈叶上
悠哉地吮吸——
把生命当作可口可乐
一瓶瓶吸干
还挤眉弄眼嘲笑我：
"看看吧，我长生不老！"

家乡的河

离开家乡二十七年了，

家乡的河时常在我梦里流淌。

找一只空螺，我轻轻地吹起……

回忆

我把这些回忆

　镶嵌于挂饰

　　系在圣诞树上

我把这些回忆

　编成捕梦网

　　挂在床头

我把这些回忆

　用不同颜色

　　标记在地球仪

我把这些回忆

　从河里钓上来

　　又放回河流

我把这些回忆

　装进红杉木盒

　　埋葬在无花果树下

我把这些回忆

　写在星星上

　　排列成闪烁的诗行

大河小河

我家老屋后面，有两条河
一条叫大河，一条叫小河
长堤隔开，一座拱桥
连接两条河

我和姐姐在桥洞口，洗衣
棒槌声此起彼落，朗朗笑声
追逐湍急浪花，桥洞中回响着
从大河流到小河

夏季夜晚
我们来到长堤，乘凉
坐在竹椅里，躺在竹床上
一轮月亮，映照着河面
映照着妈妈忧伤的眼

爷爷的菜篮

阳光爬上窗棂
我站在窗前等待。爷爷
拎着竹篮，买菜归来
他从塞得满满的青菜里
变魔术般，掏出几个
青青的莲蓬
莲花在我脸上盛开
爷爷笑眯眯，下巴翘起
吹动夏晨清爽的风
莲子至今埋在我心里

深秋夜

深秋，夜来得很早
傍晚散步时四周已漆黑
家家户户躺在月光的怀抱
剪影把怀旧的色彩涂上窗玻璃

伏案读完几页书
月亮在窗外看着我，看着我
这般温柔明亮的目光

我仿佛听到
门吱呀轻开声
母亲轻手轻脚进来
端来一杯温热的牛奶

仲夏夜的雨

仲夏夜的雨，它的脚步
轻若邻居家的花猫
走过窗外碎鹅卵石小径
走进我的梦乡——
少年的我和年轻漂亮的妈妈
跑到院里收竹竿上的衣服
冷雨点打在我们的头上和脸上
雨密麻麻地落下

清晨潮湿的鹅卵石证明
你真地来过，当我熟睡时

越走越远

那一天
告别院子里晒太阳的奶奶
向后奔跑的大桥
和父母一起
坐汽车去省城的大学

那一天
告别站台上的父母
渐渐缩小，挥手的身影
黄绿色深深浅浅的稻田
坐火车去南方的大海

那一天
告别眼眶湿润的父母
远去的城市
消逝的弯曲海岸线
坐飞机去太平洋的彼岸

那一天
坐飞机
越来越近的城市面目全非
坐高铁
站台上没找到父母的身影
坐汽车
回到空荡荡的老屋。我以为
奶奶和父母会永远在这里等我

下雨了

雨丝无声，斜斜地飘动
走过四十棵美国柳，修长的
枝条在空中摇曳
空气里弥漫着大地的味道

路面湿了
前院红砖地变成镜子
屋檐下，雨水敲打草地，演奏
童年的旋舞曲

进门，我擦干头发
换上干燥温暖的衣服
捧着咖啡，想起
家乡的河，两岸
枝条婀娜，轻抚水面
垂柳望不到尽头

二十年后回家乡

把迁徙到
高铁呼啸而过的
新县城里的老邻居们唤来

把失散到
五湖四海杳无音信的
小学中学朋友唤来

把干涸的大河小河
重注碧绿的鱼儿游动的河流
莲花潭里种满莲花

把压在
新建的博物馆下
我的小学和朗朗读书声唤来

我们兄妹四人
打开门上的锈锁
唤醒沉睡的父母和祖父母
把正街二十六号的门牌擦亮

在荒废的空无一人的
青石板的街道
营造不复存在的少年时光
回忆在石板缝间倔强地疯长

一半是**江** 一半是**海**

宅家

广告牌记载着现在的故事

我墙上的日历还停在三月

慢慢地

一家人围着吃午餐

和女儿面对面工作

早中晚一起出去走走

欣赏邻居的庭院

看看毛毛虫爬行

数数院子里初长的玫瑰

这样的日子也很好

2020 年 3 月 16 号

雨天

雨又来了，
一下就是三四天。

壁藤绿油油，沾着雨珠。
芙蓉花树一夜间蹭蹭长高。
雨后群山线条俊朗，
清晰得能看见
条条山脊，根根绿树。

洛杉矶难得有雨。
如果在平常的日子，
人们多么高兴啊。

如今滚动的乌云，
风中东倒西歪的棕榈树，
冷飕飕的春寒，
都让人心忧。
没有阳光的守护，
病毒是不是更直行无阻？

疯狂的病毒，
如久旱夏季的野火，
无休无止地
燃烧了二十一天。
所到之处是烧焦灼伤的可怜人。

雨水汇集，

沿着四面屋檐流下，

家家户户笼罩在雨柱里。

小提琴在委婉地，

倾诉着忧伤。

明天就会天晴，

晨曦将把金黄的光辉，

成遍成遍撒满料峭的草坪。

2020 年 4 月 6 号

花月

出门，没有看见她
她藏在屋顶烟囱后面。

静悄悄，
街上没有行人。
她和大黄狗格瑞丝，
跟在我后面，
我到那里，她们到那里。

今晚的满月，
为花月，
正值百花争艳时节。

2020 年 5 月 6 号

母亲节

母亲是码头
守候着我疲惫地返航

母亲是书
写着我疑惑的答案

母亲是画
千呼万唤总是含笑不语

母亲是风
看不见却永远在我身边

2020 年 5 月 10 号

韦尔谷行

绿树，黄花，野草像熟透的麦穗。
山雀嬉戏，
成群的蜥蜴闻脚步声奔跑，
响尾蛇一溜烟钻进草丛。

步道随山坡起伏。
骄阳当空，明晃晃的黄土地
热气蒸腾，
炙烤着面庞。

树荫下，
鸟语，虫鸣，凉风
吹过，
荡起五彩浪。

一半是 **江** 一半是 **海**

蓝天下，远方
城市在淡淡的雾气里。
安宁，
不是与生俱来。

驶入 91 号高速车流。
广告牌记载着现在的故事，
我墙上的日历还停在三月。
六十二天，我
离群索居。

2020 年 5 月 16 号

第二卷

白兔的一生

1

白兔在草丛中飞跑，

一粒坚实的子弹，嗖地一声

撕裂白兔的肺腑。

鲜血从弹孔汩汩流淌，

她倒下，

一只眼看着地上的蒲公英，

一只眼遥望蓝天上的白云，

白云中露出桃花般的笑颜……

2

白兔的记忆追溯到幼崽时，

坠入小坑，惊慌柔嫩的四肢

怎么也跳不出陷阱。

隔着覆盖的青草，战战兢兢地

听着来来往往的脚步声响，

河边小孩们悦耳的嬉闹消散。

小女孩看到草丛里红光闪烁，

一步，一步，拨开草——

两只圆润的红色小眼睛，

两只细长黑白分明的大眼睛，

相遇，温情在咫尺间脉脉流转。

她伸手，抚摸

毛绒绒如白云的毛发，

手掌里留着刚刚戏水的清凉；

它转动着长耳朵，表达

无言的感恩和喜爱。

在她温暖的臂弯里颠簸着，

它听到她的心砰砰地跳。

它来到她的家。

从此每天，它蹲在大纸盒里，

等待她放学回家，

从上方露出桃花般的笑颜，

递来香甜多汁的青菜，

用泡泡糖和铅笔气味的手

温柔地抚摸它，犹如

浪花一遍一遍轻抚沙滩。

3

白兔长大，跳得越来越高。

一天，跳出纸盒，跳出家门，

追随着风中野草的气息，

来到豆腐厂宽阔的后院。

一排排深褐酱缸矗立，

诱人的绿草在缸间、墙角摇摆。

傍晚时分，她听到院外街道上

女孩焦急欲哭地呼唤她，

一声声，由远到近。

她蹲在草丛里动弹不得，

自由的向往牢牢地钉住她的四肢。

由近飘远，女孩喃喃的声音
融化在昏黄的路灯光里。

4
制作豆酱的工人看到
一只白兔由白变黑，像幽灵一样
出没在酱缸间。

豆腐厂后院的草吃完了，
只剩下一簇簇黄草根。
在等待新草长大间，白兔经常是
饿一顿，饱一顿。

一天，饿得两眼昏花，
看见竹筐里探出的白菜绿叶
口水直流，不顾危险跳进竹筐。
随着老汉肩上掮动的扁担
竹筐荡着秋千，她吃饱睡着了。

醒来，跳出竹筐，
眼前是一望无际的菜园，
有红萝卜、白菜、芥菜、西红柿。
她飞奔起来，想丈量这乐土，
在豆腐厂，为逃避人，她练就了
矫捷的四肢，风一样的速度。

5
两只惊慌的红宝石球，
两只好奇的红宝石球，
相撞，爱的火花噼啪作响。
像两只翻飞起舞的蝴蝶，
两只白兔在高高低低的绿叶间追逐。
菜叶浮动，汇聚成起伏无边的绿海。
绚丽的晚霞映红了山岗。

一天天，夏热，冬冷，
在太阳烘烤得温暖松软的田埂，

在清爽湿润的水渠边，
他们筑起洞洞隐蔽安全的巢穴。

6
水渠边青草缓慢均匀地摇曳，
白兔在暖融融的草丛里打盹。
突然听到草速紊乱躁动，
声声脚步在狡黠地逼近，
她蹲下身体，全力推开四肢
奔跑。
一粒坚实
发亮
豌豆大小
子弹，嗖地一声
撕裂她的肺腑。
鲜血从弹孔汩汩流淌，
她倒下，
一只眼看着地上的蒲公英

一只眼遥望蓝天上的白云

然后是漆黑一片

7

白兔僵硬的身体

像一束干柴，

颠簸在吉普车后箱，

消失在路的尽头。

惊慌的青草安静下来。

桔红的云朵探头爬上山岗。

风起，

菜叶起伏，如无边的绿海。

草丛里几瓣乌血在呜咽。

去格尔木

噢，白鹤，你从哪里来？

我是你声音的奴隶，

噢，白鹤，你可带来我家乡的消息？

你没回答，飞走了，

噢，白鹤，你走吧，去取回我家乡

的消息。

——亚美尼亚民歌

鱼和猫的传说

皖河边鲶鱼渡口，
礁石丛丛，
黑鲶鱼在石间神出鬼没。

湍急的河流撞击礁石，激起高浪；
礁石忽明忽暗，随波沉浮；
漩涡滚滚而来。
多少行人和渡船
一去不返。

某日某道士在渡口等船，
看到明晃晃的阳光里
一条鲶鱼从河心礁石上跃入水中，
啊，原来鱼精在此兴风作浪！

猫爱吃鱼，猫能治鱼精！
道士念道，
摆着头，摇着芭蕉扇，
对自己的智慧洋洋得意。

于是村民们立即在河对岸
堆起巨大山丘——似只巨猫，
日夜监视水里的鱼精。
道士摇着芭蕉扇，扬长而去。

礁石丛丛，随波沉浮，
漩涡滚滚而来，
多少行人和渡船
一去不返。

这是我家乡古老的传说。

石牌

长江无数的支流中
有条河叫皖河，河边
有座古老的小镇，叫石牌
那是我出生的地方

清晨不息的布谷鸟鸣
唤醒沉睡的勤劳人
炊烟从昏暗的屋顶升起
熹微里河水静静地流淌

孩子们步行上学、放学
大人们步行上班、下班
一天又一天，周而复始
日子平静如悠悠的河水

冬微

在一个初冬的黎明，
我降生于一间低矮潮湿的平房。
望着窗外蒙蒙亮，
轻雾从河面袅袅升起
爸爸说，
"大地微微暖气吹，
我的女儿叫冬微吧。"

抱着粉红软乎乎的我，
爸爸高兴得团团转，
他说，那一天
他是全城最幸福的人。

爸爸老来得女，
那年他已四十五岁。

他在殡仪馆工作，右脚又瘸，
城里远近的姑娘们看不上他。
经亲戚介绍，
认识了格尔木山区的我妈。

皮肤黝黑，明眸皓齿的妈妈
喜欢这位温文儒雅，目光深邃的男人，
更爱上他一手娟秀的毛笔字，
那是他抄写成千上万幅挽联的结晶。

在这间低矮潮湿的平房里，
我咿呀学语，上小学
我们仨一起做了许多许多
白的、黑的纸花和绢花。

捉迷藏

陈翠珍来吧

李华来吧

朱春霞、潘芹也来吧

我的小伙伴们

来到爸爸的工作间

玩捉迷藏

在棺材间

在棺材里

捉迷藏

把白色小纸花抛向空中

天女散花啰

外面寒风呼啸

雪花飘飘

冰凌从屋檐坠下

我们不知道冷

不知道死亡为何物

什么是长大

长大是走出家门
右转，走过正街，经过
永兴街、汀字街、小池塘
上中学

长大是看着挂历，希望有一件
和挂历女孩一样的毛衣

长大是莫名其妙地喜欢一个男孩
当他走过来
自己的心砰砰地跳

长大是开始注意、领会
大人们眼神里藏着的秘密

一半是江 一半是海

一半是**江** 一半是**海**

长大是从大人们慌张迷信的语气中
得知死亡是不祥之物

长大是渐渐明白
自己与众不同

微生物

校园里，青砖围墙爬满青苔，
成排高大的老梧桐树叶葱郁，
风起时，簌簌作响，
叶间的阳光晃动，像五彩的万花筒。

第一天走进我的中学——怀中，
我的心紧张得像小鼓一样敲打。
右边第一排第二间是我的教室。
晨曦从临街的三个窗户斜照进来，
照着新同学们陌生的面孔。

这群陌生的人群很快彼此熟悉，
按照神奇的规则自动组合"好友群"。
没有人与我组合，
我是独来独往的"孤僻"人。

从偶尔拾到的窃窃私语里

我为自己的另类自卑：

我的妈妈是从格尔木来的黑户；

我的爸爸走路时右腿甩开像拉风箱；

我的家是幽灵出没的黑洞。

生物老师讲完微生物章节，

有同学开始叫我"微生物"。

人们是如此害怕

死亡，及其与之相关的一切。

人们像嫌弃乌鸦一般

嫌弃我们。

不会笑的花

它是一朵小小的
白色纸花，肃穆的
从来不会微笑
没有悦目的色彩
没有沁人的芳香
没有温暖的呼吸
没有甜美的笑颜
如死亡

挂在黑色的胸前
给人带来悲伤和哭泣
人们像躲避瘟疫一样
躲避它
把它扔进火海
在坠入火海的瞬间

它祈求：

给我一点微笑
给我一点花园里的花朵盛开

它是一朵小小的
白色纸花
从产生到毁灭
它的存在仅仅几天

爸爸送伞

下雨了

爸爸送来雨伞

他一瘸一拐地走进教室

同学们嘻嘻笑起来

爸爸把伞交给老师，对我微笑点头

我满脸通红，恨不得钻进地缝

看着他一瘸一拐离开的背影

我感到羞耻

为什么我的父亲与众不同

为什么我的父亲没有体面的工作

下课铃响起

我已预感到什么会发生

调皮大王模仿着父亲
一瘸一拐地走出座位
喊着：微生物，拿伞吧
大家哄堂大笑

我左手捏紧拳头，指甲抠着手掌发疼
右手举起铅笔盒
一个箭步，从后面冲过去
敲击他的头

他懵了，回过身体
拽住我的衣领
我使出吃奶的劲头
用双拳捶打他的胸
可他比我高大魁梧的身躯岿然不动
轻松几拳，打得我鼻青脸肿

等班主任赶来时
鲜血从我鼻子里流出
眼泪也想流出来
我忍住
没有哭

爸爸和妈妈

回到家，爸妈看到我鼻青脸肿的样子，
紧张地问：发生了什么？
我说：在体育课上，不小心摔下了双杠。
他们心痛地为我擦洗，涂红色消炎水。
我的眼泪终于决堤而出，
因为心中的委屈，更因为
自责和愧疚——我怎么可以
因他们感到羞耻。

爸爸是我的肩
我的梯子
我坐在他的肩头
摘红红的枣子

妈妈是我的背
我的摇篮
背着我过小溪
我趴在她背上睡着了

我在他俩牵起的手里
荡秋千
他们的手臂是秋千的绳
他们的手是我抓紧的
定心针

春游

阳光灿烂的早晨，
我们去春游，
去皖河边。

班主任丁老师走在最前面，
后面跟着三十多个学生，
像一只老鸭
带着一群小鸭
在柏油路边奔跑。

皖河望不到尽头，
和风轻拂岸边的芦苇。
我们奔向河边，笑着，叫着。
芦苇里的水鸟
纷纷飞起，飞远。

我们脱去鞋袜，
踩着湿漉漉的沙滩。
有的拾起石子打水漂；
有的赤足走进春寒的水里；
有的掏出午餐喂鸭子，
成群结队的鸭子嘎嘎嘎地游过来。
丁老师也走进水里，呵呵地笑。

欢声笑语传播到河面，
河水也笑起来，
快乐得粼粼发光。

李小异和李大同

李大同是李小异的哥哥，
他俩是双胞胎，
哥哥比弟弟早出世二十一分钟。
李小异文静白晰，学习好。
李大同好动黝黑，游泳健将，
每次学校运动会，
他都是各种游泳项目的冠军。

我走进教室，
李小异还没有来，
同学们围在一起议论着什么，
有的女生还在哭。
我赶忙过去打听。
原来李大同溺水了，
他昨天傍晚在皖河里游泳时。

李大同无数次在皖河里游泳，
昨天他的腿突然抽筋，游不动，
尖叫，哭喊，挣扎……

远远落后的另两位男生惊呆了，
恐惧得不敢再向前游，
乱喊着"救人"，游上岸。

河边没有一个人。
他俩骑上自行车，喊来附近的几个大
人。
等他们返回，
河里一片宁静，
李大同不见了。

下雨天

我们站在教室前的走廊上，
看着雨敲击着屋顶，
敲击着玻璃窗，
敲击着梧桐树叶，
平时叽叽喳喳的同学们安静下来。

前几天，李大同
还和我们一起读书，唱歌，
现在他不在了，
永远告别了这个世界。
无忧无虑的我们感到了死亡的凶残。

什么是长大？
长大是开始知晓死亡的恐惧——
它是夜晚黑暗的巷子尽头
盯视你的蛇。

为李大同折白花

李小异傍晚来到我家，
说：我能帮哥哥做些纸花吗？
我们一起
为李大同折了许多白花，
还制作了一张白色心形卡片，
沿边镶贴银色小花，
上面写着：
不在，永存心间；
不见，将会天堂。

他说：谢谢你。
也感谢你的爸爸
为伤心的人们提供忧思的寄托。

一半是**江** 一半是**海**

145

一瓶汽水

今天全校初中生六公里长跑。
当我气喘吁吁地到达终点，
筋疲力尽地坐在地上时，
李小昇递给我一瓶橙汁汽水，
细细的雾珠沾满瓶子。
我又惊又喜，不知说什么，
咕哝着"谢谢。"
拿着汽水，跑了。

李小昇，
那个穿白球鞋白袜子的帅气男生，
那个分解方程式，我用十步
他只需两步的聪明男生，
送我一瓶汽水！

站在一棵梧桐树下，
我拧开瓶盖，
丝丝的凉气从瓶里飘上来，
黄澄澄的冰水甜蜜地流进我心里。

我抬头看天，天很蓝；
听鸟鸣，鸟叫得好欢；
远处传来的吉他弹唱，真欢快。

我把汽水空瓶洗干净，
注入清水，
插一棵路边的蒲公英，
放在书桌上。

一半是**江** 一半是**海**

大街小巷谈迁城

大街小巷
办公室，车间，菜市场
工作闲暇，茶余饭后
人人都在谈论县城迁徙。

潜水、皖水、长河
在石牌汇集成皖河。
因为发达的水陆交通，
这里曾是繁茂的商贸和文化中心。

县城将搬迁到高河镇，
一个平淡无奇的乡镇，
合九铁路喧嚣地经过。

新辟的大道两边
小树刚刚长高成荫，
新建的公寓里还散发油漆的味道，
人们又开始打包，
迁往新县城。

新县城里的一切都是新的！
对新的向往
像一列没有刹闸的列车，
奔向前方。

走吧

走吧
那里有崭新的高楼大厦

走吧
那里有宽阔的大道

走吧
那里有宽敞明亮的公寓

走吧
那里一切都是新的

走吧
那里有通向大城市的高铁

走吧
那里有美好的明天

空荡荡的街道

机关、企业、公司，
一家家争先恐后地迁往新县城；
职员和家属们，
一户户争先恐后地搬到新县城。

我们中学也要搬迁，校长豪迈地说：
让我们再相聚
在秋高气爽的金色收获季节！
在新县城，新学校，新希望里！

我们的大院里，共十四户人家，
十二家先后搬走了。
只剩下两家：
我家和独住的姜奶。

我家是搬不走的——

殡仪馆不迁，

哪里都需殡仪馆，

哪里都有死亡，

它不需要技术品牌和悠久历史。

"爸，你的字写得那么好，

可以调动到新县城殡仪馆吧？"

爸爸苦笑着说：

挽联只要是白纸黑字就可，

谁在乎字的遒劲有力或形如流水呢？

姜奶家也是无法搬走的。

姜奶

姜奶独住在院口第一家。
她没有孩子，丈夫去世好多年。
她养了一条黄狗，
取名黄毛，那是她丈夫的乳名。

我路过她家时，
经常听到她说话，喊着黄毛，黄毛。
不知道她是在和狗说话，
还是在和死去的老伴。

我家烧米粉肉时，
妈总会盛一小碗，
送给姜奶。
姜奶咧开瘪嘴笑着，
露出仅剩的几颗黄牙，
连连说：微微妈呀，你真贤惠。

李小异也走了

放学后，李小异站在小巷口等我。
他说他明天就去高河，
和父母团聚了。
他拿出一本笔记本，
送给我。
蔚蓝的封面上，
一个溜冰的女孩
从右下角
向中间滑过来。

打开封面。在第一页上
他写着：
"友谊地久天长"，
下面是他画的
两只小白兔，手拉着手。

我们一起默默地走回家，
脚轻敲着青石板，
阳光在屋顶上跳动。

到他家门前，他说：
"我们在新怀中再见！"
灿烂的笑容
洋溢在他清俊的面孔。
我点点头，心里想着
我家是搬不走的，
眼泪在我的眼眶里打转。

一半是**江** 一半是**海**

我的小学拆了

我的小学要拆了。

消息传开，人们纷纷
从外地赶回老县城，
看她最后一眼。

瞬间
一排排教室塌陷了，
历史最悠久的教学楼塌陷了。
我的小学没了。

推土机，开进校园，
拱动残砖碎瓦，堆成
几个巨大的坟墓
埋葬
童稚的朗朗读书声；

埋葬
祖祖辈辈启蒙的摇篮。
在这里，我学会
写自己的名字。

浑浊的尘土腾空
弥漫，迷漫。
我的眼泪夺眶而出，
爸爸用手指拭擦他的眼角，
无人不唏嘘叹息。

漂亮精致的博物馆，
将在这里拔地而起。
我们将是其中匆匆游客。

大雁南飞

皖河水清清
从桥下静静地流过

戴斗笠的渔夫
摇着小船，撒网捕鱼
黑鹭鸶站在船头
蓝天上，云悠悠地飘动

忽然空中传来嘎嘎的呼唤
人们仰头寻找——
大雁在空中排成人字形
飞过皖河
飞过大堤
飞过条条老街

河两岸，白沙滩上
黄色杨柳望不到尽头

去格尔木

街道空荡荡
杂草丛生
脚步踏出回音

整天踱步在这般荒废的街道
终究熬不过满目的萧瑟
爸妈决定离开石牌，去格尔木——
那个妈妈离别二十年的家乡

格尔木——
遥远荒凉却令人好奇的
戈壁滩上的城市
那儿的西风狂劲地呼啸
那儿是妈妈出生的地方

那儿妈妈不是黑户

那儿有妈妈童年和青春的故事

那儿有妈妈想念的亲人

那儿爸爸不必写挽联、折纸花

那儿高考分数线低

那儿我将叫冬玮，没人再叫我"微生物"

那儿我是骄傲的土家族姑娘

梦想

夜晚，一轮满月
一览无余地照着空空寂寞的大院
我们仨坐在院里吃西瓜

随着爸爸退休的日期接近
去格尔木的计划日益完满

父母准备在格尔木买栋新房子
前面还有一个大院子

妈说，
"我将在院角搭个棚，
养几只鸡！"

爸说，

"沿院墙种上

各种颜色的月季花。"

妈问我，

"微，你想做什么？"

我想起

小时候，我家屋前的枣树

我坐在爸爸的肩上

摘枣子

枣子比蜜还甜

我说：

种棵枣树吧

月夜很美

我们的梦想

像牵牛花爬满将来的院墙

打包

妈妈在打包。
她眼圈红红，
因重回日夜思念的高原而高兴，
因离开生活十六年的温暖小屋而难过。

我说，那些旧家具就不要搬去吧？
把我们的旧衣服、
我过去的作业、书
都卖给废品站吧？
她舍不得卖，舍不得扔，
统统打包，托运。

天空飘起雪花

我就要悄悄地启程

离开生我养我的石牌

去一个陌生新奇的地方

天空飘起雪花

我站在窗前，看着

远处皖河水朦胧起来

沾着雨珠的紫色喇叭花

在风中摇曳，吹奏无声的忧伤

李小异，你听到落雪声了吗

那是我送给你的礼物

我想象着他打开门

看到门前一片雪白时惊喜的样子

启程

1
熟悉的房屋，
街道，
大堤，
皖河大桥，
青幽的河水，
一幅幅
离我远去，消失。
留恋，
阵阵袭上心头，
泪水模糊我的视线。
还没有离开石牌，
我已开始想念。

一半是**江** 一半是**海**

2

一辆货车行驶在平行道上，
蹲坐在乘客座位的大黄狗
把头伸出窗外，
闭着眼睛，
伸出长长的舌头，
陶醉在风里。

我把车窗打开一条缝，
伸出右手，
恣意的风抚弄我的手指。
我把车窗全部打开，
像大黄狗一样探出头，
风呼呼地迎面吹来，
原来兜风的感觉这么爽。

3

经过合肥、上海、西安、兰州、西宁，

走过半个中国，

带着我们的梦和石牌的故事。

格尔木白雪茫茫，

我来了。

尾声

思念是周末清晨

站立喷泉台边

啜饮泉水的白鸽

抬头眼中闪亮的一瞥

衔来我扔到昆仑山下

我家老屋的钥匙

重启不复存在的木门

突然灯光明亮

我年轻的父母

年少时的朋友

李小异，李大同

从黑暗中站起来，喊

生日快乐

CPSIA information can be obtained
at www.ICGtesting.com
Printed in the USA
LVHW010025160723
752584LV00037B/405